CW01202746

保冬妮

儿童文学作家,原创图画书创作者和研究者。出版"二十四节气旅行绘本"等200多部童书,曾获得全国优秀儿童文学奖、冰心儿童图书奖等奖项。

她热爱旅行,走遍全国各地,跨越千山万水,曾跟随科考导师,抵达南极和北极探索自然。她是资深观鸟达人,喜欢通过充满童趣的语言讲述科普故事,希望带领孩子走进神奇的鸟类世界。

于 澍

祖籍江苏,现居北京,自幼酷爱绘画,希望用画笔为孩子绘出五彩斑斓的世界。曾参与绘制《科学历2018——科学史上的今天》和《科学历2019——科学史上的今天》,出版儿童绘本《寄居蟹的海洋课》等。

图书在版编目(CIP)数据

疣鼻天鹅的新朋友 / 保冬妮著 ; 于澍绘. — 南宁 : 接力出版社, 2022.9
(我的飞鸟朋友)
ISBN 978-7-5448-7858-6

Ⅰ.①疣… Ⅱ.①保…②于… Ⅲ.①儿童故事-图画故事-中国-当代 Ⅳ.①I287.8

中国版本图书馆 CIP 数据核字 (2022) 第 146503 号

责任编辑:陈三霞 郝 娜 美术编辑:张 喆 装帧设计:张 喆
责任校对:张琦锋 责任监印:刘宝琪
社长:黄 俭 总编辑:白 冰
出版发行:接力出版社 社址:广西南宁市园湖南路9号 邮编:530022
电话:010-65546561(发行部) 传真:010-65545210(发行部)
网址:http://www.jielibj.com E-mail:jieli@jielibook.com
经销:新华书店 印制:北京顶佳世纪印刷有限公司
开本:889毫米×1194毫米 1/16 印张:2.5 字数:30千字
版次:2022年9月第1版 印次:2022年9月第1次印刷
定价:45.00元

版权所有 侵权必究
质量服务承诺:如发现缺页、错页、倒装等印装质量问题,可直接向本社调换。
服务电话:010-65545440

我的飞鸟朋友

疣鼻天鹅的新朋友

YOUBI TIAN'E DE
XIN PENGYOU

保冬妮 著
于湉 绘
孙忻 吴海峰 审订

接力出版社
Publishing House

春天来到了北方，在一片宁静的湖面上，小疣鼻天鹅出生了。疣鼻天鹅爸爸妈妈精心养育着孩子们，期待着它们长大，全家一起飞到南方过冬。

冬天，小疣鼻天鹅一家来到了南方。开阔的湖面上，聚集了很多水鸟。小疣鼻天鹅张开翅膀，兴奋地问："妈妈，这是谁？它和你长得有点像啊！"

妈妈告诉孩子们："这是小天鹅，它的嘴上有一片黄色，我的嘴巴是红色的。等你们长大了，嘴巴也会变红。"

小疣鼻天鹅看到前面有一种和小天鹅长得很像的水鸟，伸着脖子叫着，声音像喇叭一样。

小疣鼻天鹅好奇地问妈妈："它也是小天鹅吗？"

"它是大天鹅，不是长大的小天鹅，而是另一种水鸟。看，它嘴上的黄色部分更大，超过了鼻孔，小天鹅的没有超过哟！"

"我是大天鹅。"

"我是小天鹅。"

"豆雁也跟上来啦!"

"我们斑头雁已经飞到前面去了。"

"鸿雁也来啦!"

小疣鼻天鹅惊喜地看到头顶上空飞过成群的斑头雁、白额雁、鸿雁、豆雁,它们也来这里过冬了。

最前面的斑头雁边飞边大声鸣叫,呼唤后面的伙伴快点跟上。

"白额雁来了!"

一对斑嘴鸭游过来,看到小疣鼻天鹅后,热情地和它们打着招呼:"小疣鼻天鹅,你们好啊!我们给你们介绍几位新朋友吧!这是绿头鸭,它正要赶去参加朋友的聚会。"

12

"这是中华秋沙鸭,它们可是这片湖泊的稀客。它们和鸳鸯常常在树洞里筑巢,雄鸟都比雌鸟长得漂亮。到了春天,雄鸳鸯会盛装出场,羽毛颜色更鲜艳呢。"

"这儿的朋友真多呀!斑嘴鸭,谢谢你们!"说完,小疣鼻天鹅飞向远处的湖面。

小疣鼻天鹅想起妈妈讲过，春天的时候，小䴙䴘妈妈会背着宝宝游湖，凤头䴙䴘还会在一起跳撞胸舞。春天还有很多好玩的事情，真希望明年春天能见到它们。

这段时间，红头潜鸭和白眼潜鸭也赶过来了。它们一会儿追逐嬉戏，一会儿潜水觅食，一会儿打盹儿休息。快到中午了，在阳光的照耀下，水面暖暖的，红头潜鸭拍打着翅膀，招呼岸上的白眼潜鸭下来一起玩耍。

鸬鹚一直生活在这片湖泊。潜水捕鱼后，它身上的羽毛都湿透了。这会儿，它正张开翅膀舒服地晒着太阳，准备吃美味的午餐。

19

卷羽鹈鹕也飞到湖里,它们张开口袋一样大的喉囊,轻松地舀起一大囊袋水和鱼,美美地饱餐一顿。

小疣鼻天鹅看到了两只全身黑乎乎的水鸟，模样非常可爱，就问："朋友，你们是谁呀？"

"我们是白骨顶鸡，虽然我们的名字里有'鸡'，但我们都是游泳好手，喜欢在湖面上游来游去，找水草和小鱼吃。你看到它了吗？它是红嘴的黑水鸡，它也会游泳。"

23

这时，红嘴鸥也换上了冬天的羽毛，头顶的羽毛雪白雪白的。看起来肥嘟嘟的红嘴鸥飞起来却很迅速，好像在做飞行表演一样，大声地鸣叫着，有的在天空中翱翔，有的正要俯冲到水面上。

25

和红嘴鸥比,蒙古银鸥的身材可壮硕多了。蒙古银鸥也是飞翔和捕鱼的高手。看,饭后的蒙古银鸥正在岸边悠闲地散步。

27

整个冬天，小疣鼻天鹅在这片湖泊自由自在地生活，认识了不少新朋友。

当大雁飞过蓝天的时候，春天来临了。

小疣鼻天鹅长大了。它们要和爸爸妈妈一起飞回北方的家乡。

中国的天鹅

全世界共有 7 种天鹅，包括疣鼻天鹅、大天鹅、小天鹅、黑天鹅、黑颈天鹅、黑嘴天鹅和扁嘴天鹅。我国有 3 种：疣鼻天鹅、大天鹅、小天鹅。平时在公园见到的黑天鹅是引进的物种。

天鹅主要以水生植物和水生小动物为食，喜欢生活在水草丰盛的河湾和湖泊，常在芦苇丛中筑巢。天鹅擅长游泳，是一种大型游禽。因为体重较重，天鹅起飞时比较吃力，需要向前跑一段距离，再展翅高飞。

天鹅夫妻终生相伴，雌天鹅孵蛋时，雄天鹅在旁边守卫。它们为了保护巢穴、蛋和幼鸟，敢于和狐狸等动物搏斗。幼鸟身上是灰色或褐色羽毛，成年后羽毛才完全变成白色。

◀疣鼻天鹅 全身羽毛洁白，体态优雅，脖颈细长，在水中游泳时，颈部弯曲呈"S"形，前额上有一块黑色瘤疣状的突起，雄性的突起比雌性的更加明显。它们除了危险时发出嘶嘶声外，很少发出叫声，被称为"哑声天鹅"。和大天鹅、小天鹅不同，疣鼻天鹅会像小鸊鷉一样将雏鸟背在背上。

▶小天鹅 和大天鹅相似，同样是长长的脖子，白色的羽毛，黑色的脚和蹼，体形比大天鹅小一点儿。明显的区别是大天鹅嘴部的黄色部分比小天鹅的大。另外，小天鹅的叫声清脆，像口哨；大天鹅的叫声响亮，像喇叭。小天鹅的颈部比大天鹅的短一点儿。

◀大天鹅 全身雪白，体形丰满，大小和疣鼻天鹅差不多，脖子细长，甚至超过了身体的长度。不过，大天鹅和小天鹅游泳时脖子是挺直的，不像疣鼻天鹅游泳时脖子是弯曲的。

故事中的其他鸟

◀ **大雁** 大雁是一类鸟的统称，除了书中提到的斑头雁、白额雁、鸿雁、豆雁外，还有灰雁等。迁徙时，大雁往往成群列队飞行，古人称之为"雁阵"。"雁阵"由有经验的"头雁"带领，加速飞行时，队伍排成"人"字形；减速时，队伍由"人"字形变换成"一"字形。

▼ **绿头鸭** 雄鸟头颈部有深绿色光泽，颈部有明显的白色领环，雌鸟身上是斑驳的褐色。

▲ **斑嘴鸭** 羽毛大部分是深褐色，嘴上多为黑色，嘴前端是黄色。雌鸟和雄鸟羽毛颜色相似，但颜色稍微暗淡一些。

▶ **中华秋沙鸭** 中国的特有鸟种，身体两侧有鱼鳞状的斑纹。雄鸟身上多为绿黑色和白色，红色的嘴长而窄，黑色的头部有厚实的羽冠。雌鸟身上颜色暗淡，多是灰色，头颈部呈棕褐色。

保冬妮带你走进飞鸟世界

▶ **鸳鸯** 鸳指雄鸟，鸯指雌鸟。繁殖期雄鸟羽毛非常艳丽，背部有橘红色的帆状羽毛。雌鸟的羽毛多为亮灰色。非繁殖期雄鸟的羽毛和雌鸟的相似，但雄鸟的嘴是红色的，雌鸟的嘴是灰色的。它们一般在树洞中筑巢。

◀ **红头潜鸭** 栗红色的头部、亮灰色的嘴和黑色的胸部对比鲜明，常成群活动，有时和其他鸭类混群。雄鸟眼睛呈红色，雌鸟眼睛呈褐色。

▼ **白眼潜鸭** 体形比红头潜鸭小一点儿，雄鸟眼睛是白色的，雌鸟眼睛是褐色的。潜水时间比其他潜鸭短，飞行时振动翅膀较快。

▼ **凤头䴙（pì）䴘（tī）** 体形最大的䴙䴘，有明显的深色羽冠，繁殖期颈背呈栗色，颈上有鬃毛状饰羽。求偶时跳舞，两相对视，身体高高挺起并同时点头，用胸部碰撞对方，有时嘴里还衔着植物。

▼ **小䴙䴘** 体形较小，善于游泳和潜水。到了春天繁殖期，面颊和颈部两侧呈栗色，头顶和颈背呈深灰褐色。

▼ **卷羽鹈鹕** 全身灰白，嘴长直，前端有弯钩，下颌上黄色的喉囊非常醒目，颈背上有卷曲的冠羽。在树上筑巢，亲鸟轮流孵蛋。

▶ **鸬鹚** 在我国南方较常见，有些被渔民驯养后用来捕鱼。

▶ **白骨顶鸡** 体形和野鸭差不多，比黑水鸡大一点儿，身体羽毛呈全黑或暗灰黑色，嘴白色。善于游泳，能潜水捕食小鱼。

▼ **黑水鸡** 身体大部分呈黑色，嘴呈红色，嘴尖端呈黄色，脚呈绿色。

▲ **红嘴鸥** 体形、羽毛的颜色和鸽子相似，俗称"水鸽子"。大部分羽毛呈白色，嘴和脚呈红色，喜欢集群，一般生活在沿海港口和湖泊。夏天时褐色的"头罩"延伸到头顶后。

▲ **蒙古银鸥** 体形较大的银鸥，后背羽毛呈深灰色，第一年冬鸟嘴呈黑色，第四年成鸟嘴呈黄色，头和腹部几乎全白。